AF290309

DIE BLUE-OCEAN-STRATEGIE

Neue Wege, die Konkurrenz hinter sich zu lassen

Verfasst von Pierre Pichère
In Zusammenarbeit mit Brigitte Feys
Übersetzt von Mareike Lobeck

Business **50MINUTEN**.de

DIE BLUE-OCEAN-STRATEGIE

SCHLÜSSELINFORMATIONEN

- **Bezeichnungen:** Blue-Ocean-Strategie, Blue Ocean Strategy
- **Anwendungsbereiche:** Unternehmensstrategie, Marketing, Innovation
- **Warum ist es so gut?** Die Methode eignet sich hervorragend, um sich von der Konkurrenz abzuheben und ein gewisses Leistungsniveau zu halten. Sie ist zudem auf alle Wirtschaftssektoren anwendbar.
- **Schlüsselwörter:** Blauer Ozean, Roter Ozean, Strategie, Entwicklung innovativer und neuer Strategieräume, Konkurrenz, Unternehmen
  - *W. Chan Kim* (geboren 1952) ist Mitglied des jährlich in Davos tagenden Weltwirtschaftsforums und laut *Harvard Business Review* einer der einflussreichsten Denker im Unternehmensmanagement. Zusammen mit Renée Mauborgne leitet er das *Blue Ocean Strategy Institute* an der INSEAD

(*Business School for the World*, eine französische private Wirtschaftshochschule), wo er außerdem als Dozent tätig ist.

◦ _Renée Mauborgne_ (geboren 1963) ist eine bekannte Professorin für Strategie und leitet zusammen mit W. Chan Kim das *Blue Ocean Strategy Institute*. 2013 wurde sie als eine der fünf besten Dozenten in MBA-Programmen ausgezeichnet. Ein Jahr später verlieh ihr der amerikanische Verband der Management-Beratungsunternehmen (*AMCF*) den Carl S. Sloane Preis für ihre herausragenden Forschungsarbeiten.

EINLEITUNG

In dem dynamischen, internationalen Umfeld, in dem Unternehmen heute agieren, wird Kreativität immer mehr zum Schlüssel für nachhaltige Leistung. Innovative Ideen sind häufig das Ergebnis einer Neuausrichtung der Innovationspolitik eines Unternehmens. Die Blue-Ocean-Strategie veranschaulicht dies in hervorragender Weise.

Hintergrund

2005 stellen W. Chan Kim und Renée Mauborgne die Strategie in ihrem Buch *Blue Ocean Strategy. How to Create Uncontested Market Space and Make the Competition Irrelevant*[1] vor, welches seitdem in 43 Sprachen übersetzt und weltweit 3,5 Millionen Mal verkauft wurde. Ihr Ziel ist, die strategische Innovationslehre für Unternehmen in ihren Grundfesten zu erschüttern. Sie ermuntern zudem alle Wirtschaftsakteure, über einen „Disruption" genannten, besonders kreativen Innovationsprozess in neue Technologien zu investieren, neue Märkte zu erobern und mit anderen sozioökonomischen Akteuren zusammenzuarbeiten.

Der Ansatz der beiden Wirtschaftswissenschaftler beruht auf einer Reihe von Studien und führt zahlreiche weitere Forschungsarbeiten zusammen, vor allem die des Architekten Clayton Christensen (geboren 1952) und des Geschäftsführers von *Deloitte US*, Michael Raynor (geboren 1967). Außerdem ergänzen Kim

---

1. *Der Blaue Ozean als Strategie. Wie man neue Märkte schafft, wo es keine Konkurrenz gibt.* 2. Aufl. Carl Hanser Verlag 2016.

und Mauborgne zahlreiche Methoden für einen systematischen Innovationsprozess.

Zur weiteren Ausarbeitung des Konzepts wird 2007 auf dem Campus von Fontainebleau, gegenüber der INSEAD, das *Blue Ocean Strategy Institute* gegründet. Die beiden Autoren haben mit ihrem Werk inzwischen zahlreiche Preise gewonnen und in der Wirtschafts- und Marketingwelt auch international großes Ansehen erlangt.

Definition

Das Blue-Ocean-Modell definiert die klassische Darstellung von Entwicklungsstrategien neu. Auch Igor Ansoff (1918-2002) – in *Corporate Strategy* (1965), einem der ersten Werke überhaupt über Unternehmensstrategie – und Michael E. Porter (geboren 1947) – mit seinen Modellen zu den fünf Kräften des Wettbewerbs und zur Wertkette – beschäftigen sich mit Unternehmensstrategien. Ihre Theorien werden noch heute in vielen Branchen angewandt.

Kim und Mauborgne unterscheiden zwischen zwei Arten von Märkten, auf denen sich Wirtschaftakteure entwickeln:

- „Rote Ozeane" sind gesättigte Märkte, die wenig Wachstumsmöglichkeiten bieten, da sich hier eine große Anzahl Akteure erbitterte Kämpfe um Marktanteile liefert. Die Farbe Rot steht entsprechend für die Konkurrenz, aber auch für Zulieferer, Kunden und Entscheider, die ihre eigenen Margen und Marktanteile oder andere Rentabilitätsindices maximieren wollen (bisweilen um den Preis von Standortverlagerungen, Fusionen, Konkursen etc.).
- „Blaue Ozeane" hingegen bezeichnen neue Märkte, in denen sich das Unternehmen dank radikaler Innovation allein entwickeln kann und wenig (oder keine) Konkurrenz hat. Innovation, die die Marktstruktur derartig verändert, dass sie quasi endlos völlig neue Nachfrage schafft (so weit wie der Ozean...), wird von den Autoren „Wertinnovation" oder allgemeiner „Nutzeninnovation" genannt.

Die Blue-Ocean-Strategie animiert Unternehmen, sich nicht mit der momentanen Angebot-Nachfrage-Situation zufriedenzugeben, sondern neue Wertschaffungsmöglichkeiten zu erforschen, um so Marktführer zu werden. Damit hebt sich die Strategie deutlich von klassischen Ansätzen ab, die sich auf Abgrenzung durch Qualität, Kostenführerschaft oder Marktkonzentration fokussieren.

DIE BLUE-OCEAN-STRATEGIE IN DER THEORIE

Mit der Unterscheidung zwischen blauen und roten Ozeanen entwickeln Kim und Mauborgne eine Analyse, die Strategie, Marketing und Innovation miteinander verbindet.

ROTE OZEANE VS. BLAUE OZEANE

Das im Marketing entstandene Konzept des Produktlebenszyklus ist zu einem Klassiker geworden: Auf die Einführung folgen Wachstum und Reife, und schließlich Sättigung und Degeneration. Es stützt sich vor allem auf Verkaufsvolumen und Produktlebensdauer (je höher die Innovationsgeschwindigkeit, desto kürzer der Produktlebenszyklus).

Doch wie sieht es mit der aktuellen und der potenziellen Rentabilität aus? Diese hängt von der preisbestimmenden Konkurrenz ab, aber ebenso von der Fähigkeit eines Unternehmens, seinen Selbstkostenpreis zu steuern und Penetrationsstrategien zu entwickeln, durch die es einen großen Teil des Marktes abdecken kann. Häufig wird ein Produkt, das sich mitten im Wachstum befindet, von vielen Anbietern gleichzeitig vermarktet. So beginnt der Preiskampf. Genau diesen strategischen Raum, dessen Grenzen von den Akteuren anerkannt werden und innerhalb derer sie sich erbitterte Kämpfe liefern, bezeichnen Kim und Mauborgne als roten Ozean. Bereits jetzt wird deutlich, dass mit diesem Ansatz bestimmte strategische Entscheidungen über Produktportfolios und finanzielle Gleichgewichte (für Rentabilität sowie kurz-, mittel- und langfristiges Wachstum) gefördert werden.

In der heutigen Wirtschaft entstehen immer mehr rote Ozeane, da ein Großteil der Produkte auf den Märkten die Reife-Phase erreicht hat. Die internationale Öffnung fast aller Märkte erhöht außerdem die Anzahl der Akteure, was stärkeren Wettbewerb bedeutet, der kaum ausgeglichen wird, auch wenn regelmäßig durch technologischen Fortschritt neue Wirtschaftssektoren entstehen. Kim und Mauborgne betonen, dass die traditionelle Unternehmenstheorie Entscheidern nur erklärt, wie sie in einem roten Ozean überleben können: durch Fokus auf das Kerngeschäft, Standortwechsel zur Senkung des Selbstkostenpreises etc.

Im Gegensatz dazu regt die Blue-Ocean-Strategie an, rote Ozeane hinter sich zu lassen, da sie zu wenig Wert schaffen, und sich stattdessen in Richtung blauer Ozeane treiben zu lassen. In diesen neuen Strategieräumen entwickelt sich jedes Unternehmen für sich allein und ist – zumindest zeitweise – nicht den Einschränkungen durch starke Konkurrenz und Preiskampf ausgesetzt.

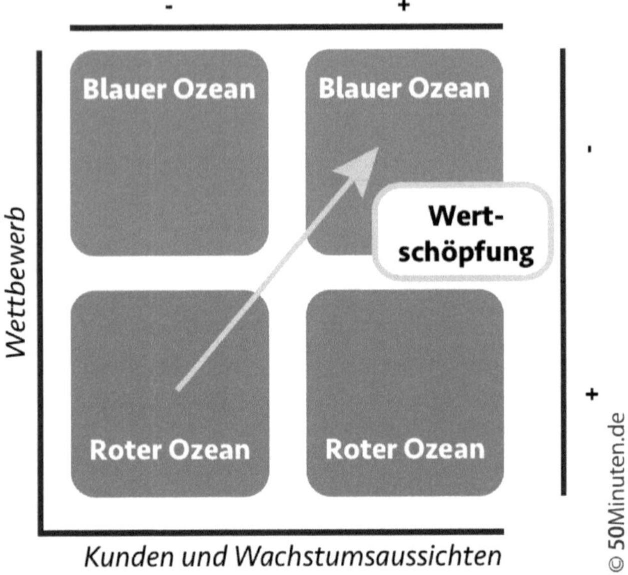

MIT WERTINNOVATION DEN OZEAN WECHSELN

Der Schlüssel für den Übergang von einem roten Ozean zu einem blauen Ozean ist Innovation. Rein technische Innovation ist dafür jedoch nicht ausreichend. Stattdessen wird der Weg zum blauen Ozean durch den radikalen

Abgrenzungsprozess freigegeben, den Kim und Mauborgne Wertinnovation nennen. Der geschaffene Wert muss sowohl für das nach wirtschaftlicher Leistung strebende Unternehmen als auch für den zufriedenzustellenden Kunden sinnvoll sein.

Im Gegensatz zum traditionellen, neoklassizistischen Ansatz, welcher Innovation als exogen ansieht, kommt diese Art der Innovationen offensichtlich nicht von außen. Stattdessen entsteht die Wertinnovation aus einer Entscheidung des Unternehmens heraus. Dieses muss seinen gesamten Ansatz überdenken, um erfolgreich vom einen zum anderen Ozean zu gelangen – der Übergang wird also von den Wirtschaftsakteuren selbst eingeleitet. Dieser Innovationsansatz geht auf den Wirtschaftsjournalisten Jean-Baptiste Say (1767-1832) zurück und wurde über die Jahre von diversen Wirtschaftswissenschaftlern – von Karl Marx (1818-1883) bis Joseph Schumpeter (1883-1950) – wieder aufgegriffen.

Die Bezeichnung „Wertinnovation" verweist auf den Zweck des blauen Ozeans: Es geht darum, sowohl für den Käufer mehr Wert zu schaffen – wodurch gleichzeitig neue Kunden gewonnen werden können – als auch für das Unternehmen, dessen Kostenstrukturen vor dem Hintergrund verschobener Marktgrenzen von Grund auf neu definiert werden.

ALLES HINTERFRAGEN

Um eine Blue-Ocean-Strategie zu entwickeln, müssen alle den Markt bestimmenden Faktoren hinterfragt werden. Marktstudien beschreiben diese durch die Analyse der existierenden Struktur.

- Wie sollte vorgegangen werden, damit ein Produkt, das bislang hauptsächlich von Männern gekauft wird, auch Frauen anspricht?
- Wie kann gezielt der Endkunde angesprochen werden, wenn das Produkt ausschließlich über Zwischenhändler vertrieben wird?
- Kann ein Produkt einer breiteren Masse zugänglich gemacht werden, wenn es bisher nur Insidern vorbehalten ist?

Innovation steht nicht gleichbedeutend mit Preissteigerung – was bei rein technischer Innovation häufig der Fall ist. Die Neupositionierung eines Produktes auf dem

Markt durch eine Ausweitung der Zielgruppe kann zu einem deutlichen Anstieg der verkauften Einheiten führen und somit durch eine Umverteilung der Fixkosten den Preis senken. Ein Überdenken der Anwendungsmöglichkeiten kann auch bedeuten, sich von bislang als unerlässlich erachteten Optionen und Funktionalitäten zu befreien und so den Endpreis zu senken. Auch wenn dies häufig der Fall ist, führt die Blue-Ocean-Strategie nicht automatisch zu einer Preissenkung. Als Beispiel können hier PCs genannt werden, die die damaligen Großrechner ersetzt haben, genauso wie Festnetz-Telefone, die immer mehr von Smartphones verdrängt werden.

ELIMINIEREN ODER KREIEREN, REDUZIEREN ODER STEIGERN

Wenn die Blue-Ocean-Strategie bedeutet, sich neu umzuschauen, so muss nach dem Definieren der Marktgegebenheiten bestimmt werden, welche dieser Faktoren gesteigert bzw. reduziert, welche eliminiert und welche neu kreiert werden müssen (letztere sind in der anfänglich erstellten Liste also noch nicht aufgeführt).

Dieser Ansatz kann mit einem Beispiel aus der Automobilindustrie veranschaulicht werden. 1998 gibt der damalige Manager des französischen Automobilkonzerns *Renault*, Louis Schweitzer, eine radikale Innovation auf dem Automobilmarkt bekannt: das Billigauto. Der *Logan* ist geboren. Zu Beginn war das Auto nur für den osteuropäischen Markt vorgesehen, es wird aber auch in Westeuropa zu einem großen Erfolg. Frankreich wird zum größten Importeur des in den rumänischen *Dacia*-Fabriken hergestellten *Logan*.[1]

Der Erfolg basiert auf einer strategischen Überarbeitung des Modells. Im Allgemeinen ist die Automobilindustrie von einem Kampf des „immer mehr" geprägt: Autos mit mehr Platz, mehr Komfort, mehr Sicherheit, mehr Ausstattung und daher auch zu immer höheren Preisen. Durch eine Optimierung der bisherigen Synergien, die bei der Fertigung der verschiedenen Modelle in den 1999 aufgekauften *Dacia*-Fabriken bestanden und den Verzicht auf Luxus konnte *Renault* seine Ankündigung in die Realität

---

1. In Deutschland daher unter dem Namen *Dacia Logan* verkauft.

umsetzen. Der *Logan* wurde in Schwellenländern für 4.500 Euro und in Deutschland für 7.200 Euro (da hier die Sicherheitsausstattung angepasst wurde) angeboten.

Billig bedeutet in diesem Fall aber nicht weniger Qualität. Zwar findet man beim *Logan* kein Armaturenbrett aus Nussbaum, dafür ist er sehr robust, da er auf Länder ausgerichtet ist, in denen Straßen manchmal in einem zweifelhaften Zustand sind und die Fahrzeugwartung weit weniger entwickelt ist als in westlichen Ländern.

Renault weicht außerdem von früheren Versuchen ab, das Billigsegment auf Kleinwagen zu beschränken (z. B. *Twingo* in den Neunzigerjahren oder *Smart*). Im Gegenteil, mit dem *Logan* wird ein Familienauto mit großem Innen- und Kofferraum angeboten.

Eliminieren, steigern, reduzieren und kreieren

Eliminieren	**Steigern**
Luxus	Robustheit Innenraum
Reduzieren	**Kreieren**
Komfort	Preisklasse „billig"

Durch die Neuausrichtung seiner Strategie konnte *Renault* mehr Kunden gewinnen als ursprünglich erhofft: Zusätzlich zur Zielgruppe in Schwellenländern hat der *Logan* auch in Deutschland Kunden angezogen, die sich sonst aus Kostengründen eher auf dem Gebrauchtmarkt umgesehen hätten. Das Billigauto konnte den Teil des Marktes gewinnen, in dem nicht viel Wert auf Ästhetik gelegt, sondern vor allem auf ein gutes Preis-Leistungsverhältnis geachtet wird.

DIE BLUE-OCEAN-STRATEGIE: SCHWÄCHEN UND ERGÄNZUNGEN

Die Wissenschaftlichkeit mancher Aspekte der Blue-Ocean-Strategie scheint zweifelhaft. Handelt es sich nicht vielmehr um eine verführerische Zusammenstellung von Erfolgsgeschichten bestimmter Unternehmen? Auch andere Thesen vervollständigen zur Genüge das Verständnis von Markteroberungsstrategien. Als Beispiel sei an dieser Stelle das bekannte Werk von Thomas J. Peters und Robert H. Waterman, Jr., *In Search of Excellence* (1982), genannt.

SCHWÄCHEN UND KRITIK

Trotz des Erfolgs der Blue-Ocean-Strategie bleibt Kritik nicht aus. Die große Bandbreite an Beispielen aus verschiedenen Wirtschaftssektoren vereinfacht zwar die Lektüre von *Der Blaue Ozean als Strategie*, wird von manchen aber als relative

Schwäche der Theorie angesehen. Einige merken außerdem an, dass Kim und Mauborgne durch Ableitung ein Konzept zu finden versuchen, das alle spektakulär positiven Beispiele miteinbezieht. Die Blue-Ocean-Strategie sei so eher eine retrospektive Lesart als eine innovative, wirksame Methode, sich dem Markt auf kreative Weise anzunähern, auch wenn die Autoren verschiedene Schritte vorschlagen, um vom einen in den anderen Ozean überzuwechseln. Könnte nicht jeder Unternehmenserfolg als – wenn auch unbewusste – Anwendung der Blue-Ocean-Strategie gesehen werden? Beispiele aus der Wirtschaftsgeschichte – vom amerikanischen Industriellen Henry Ford (1863-1947) bis zum Gründer des *Cirque du Soleil* Guy Laliberté (geboren 1959) –, wo die Methode unwissentlich angewandt wurde, lassen dies vermuten.

Aus sozialwissenschaftlicher Sicht wird die fehlende Homogenität der Beispiele angemerkt, wodurch deren Vergleich wissenschaftlich kaum haltbar ist. Wie ähnlich sind die Ausgangssituationen der im Buch aufgeführten Unternehmen tatsächlich? Zudem beschreibt das Buch nicht den Ausgangszustand des roten

Ozeans, da weder eine – relative oder absolute –Anzahl Marktteilnehmer, noch definierte Wettbewerbsmerkmale angegeben werden, die einen roten Ozean charakterisieren. Die Ankunftssituation, der blaue Ozean, ist genauso wenig messbar, was umso fataler sein kann, als dass sich das Unternehmen mit seiner Innovation ins Unbekannte begibt und nicht weiß, ob sein neues Produkt von den Konsumenten akzeptiert (ihm also Wert zugesprochen) wird.

Der Begriff der Wertinnovation, welche den Kern der Strategie bildet, kann kaum als neues Konzept bestehen, da er nicht ausreichend definiert wird. Die Beispiele selbst machen diese Schwäche deutlich. Sie beziehen sich mal auf Marketing, Verpackungswesen oder Werbung, mal auf die Unternehmensorganisation und mal auf technische bzw. wissenschaftliche Innovation. Wertinnovation kann also als Kombination aus Mehrwert für das Unternehmen und Preissenkung für die Kunden zusammenge-fasst werden. Aber ist dies das Resultat einer technischen Innovation oder einer besseren Marketingpositionierung? Die Bedeutung der Wertinnovation scheint etwas vage, da das

Konzept sowohl eine radikale Änderung auf Produktebene als auch eine etwas effizientere Kundenkommunikation abdecken kann.

Gegenüber der Methode selbst gibt es ebenfalls Vorbehalte. Nimmt man eine gründliche Analyse der Wertkurve als Basis, führt die Blue-Ocean-Strategie nicht zu disruptiver, sondern lediglich zu inkrementeller Innovation, also zu einer Verbesserung bereits existierender Produkte oder Prozesse. Kims und Mauborgnes Ansatz stützt sich in der Tat auf bereits Existierendes, um daraus etwas Neues entstehen zu lassen, obwohl für die Erschaffung von etwas radikal Neuem die aktuelle Situation eher außen vor gelassen werden sollte. Für die Entwicklung des neuen Angebots werden bestehende sowie potenzielle Kunden des Unternehmens betrachtet (darauf wird später noch näher eingegangen). Manche Innovationen, vor allem die radikaleren, werden jedoch skeptisch aufgenommen. Innovation erfährt nicht immer die sofortige Anerkennung der Öffentlichkeit. In seiner Kritik an der Blue-Ocean-Strategie ruft der (auf „Marketing des Ungewissen" spezialisierte) Innovationsberater Benoît Sarazin in Erinnerung, dass *Nestlé* 15 Jahre lang brauchte, um *Nespresso* durchzusetzen, und das auch Guy Laliberté einige Zeit auf den Erfolg des *Cirque du Soleil* warten musste. Die Methode ist also kein hundertprozentiges Erfolgsrezept.

ERGÄNZUNGEN UND VERWANDTE MODELLE

Zwar verfolgen Kim und Mauborgne die Absicht, die Innovationstheorie zu perfektionieren, ihr Ansatz folgt allerdings recht offensichtlich Joseph Schumpeters (1883-1950) Theorie der schöpferischen Zerstörung. Schumpeter beschäftigte sich mit allen Aspekten der Innovation, von Unternehmensorganisation bezüglich Arbeit und Produktion bis hin zu Absatzmöglichkeiten je nach Produktart. Was für einen Beitrag leistet die Blue-Ocean-Strategie, wenn es sich lediglich um die Schaffung neuer Märkte auf Kosten (bzw. zumindest Schwächung) der alten, gereiften Märkte handelt? Doch nicht nur der bereits erwähnte Produktlebenszyklus wird angesprochen, ferner besteht für bereits bestehende Produkte auch das Risiko der Kannibalisierung: Im Rahmen einer Marketingstrategie für das Produktportfolio-Management kann dies einen

Verkaufsrückgang oder sogar den Verlust von Marktanteilen bedeuten – unabhängig vom Unternehmenssektor. Es muss also unbedingt abgeschätzt werden, ob ein durch das neue Produkt erwirtschafteter Profit höher sein wird als die möglichen Verluste der existierenden Produkte. Das Unternehmen macht sich also selbst Konkurrenz. Kannibalisierung kann sich aber trotzdem als geeignete Strategie für die Ausweitung einer Marke (z. B. Marlboro) erweisen, da sie den Eintritt in einen vom Unternehmen bislang ungenutzten Markt ermöglicht. In diesem Fall zeigt sich flüchtig die Idealsituation des blauen Ozeans.

Das Konzept der roten und blauen Ozeane hat zudem Ähnlichkeiten mit den evolutionären und disruptiven Innovationen, die Clayton M. Christensen in seinem ersten Werk *The Innovator's Dilemma: When New Technologies Cause Great Firms to Fail* (1997)[1] vorstellt. Laut seiner Theorie verbessern evolutionäre Innovationen bereits existierende Produkte,

---

1. *The Innovators Dilemma. Warum etablierte Unternehmen den Wettbewerb um bahnbrechende Innovationen verlieren.* 2. Aufl. Vahlen, 2011.

während disruptive Innovationen die Konkurrenz auslöschen, indem sie neue Märkte erschaffen. Dieser Ansatz entspricht dem der Blue-Ocean-Strategie. Evolutionäre Innovation entspricht den Anstrengungen, die Akteure in einem roten Ozean erbringen müssen, um zu überleben, disruptive Innovation wiederum ähnelt den positiven Auswirkungen für ein Unternehmen, das einen blauen Ozean erreicht hat.

DIE BLUE-OCEAN-STRATEGIE IN DER PRAXIS

Die Blue-Ocean-Strategie ist in erster Linie eine strategische Methode, die in mehreren Schritten angewandt wird.

TIPPS UND BEST PRACTICES

Sechs Fragen, um den blauen Ozean zu erreichen

Kim und Mauborgne nennen sechs zentrale Fragen zur Erstellung einer Blue-Ocean-Strategie.

- **Welche Alternativen werden auf dem Markt angeboten?** Hier sollte eine Verbraucherperspektive angenommen werden, um die bestehenden Preisunterschiede in ihren Auswirkungen auf das Kaufverhalten beurteilen zu können. Zwei unterschiedliche Güter, von ihren Produzenten als komplett unabhängig voneinander angesehen, können hinsichtlich der Kaufabsicht der Kunden völlig unbeabsichtigt miteinander in Wettbewerb treten. So sind Urlaub und Heimwerkarbeiten zwei unabhängige Kostenpunkte, die sich dennoch überschneiden können: In einem Jahr, in dem sich eine Familie entscheidet, eine Etage ihres Hauses zu renovieren, wird sie für ihren Sommerurlaub vermutlich weniger ausgeben.

- **Welche Interessen werden von den strategischen Gruppen (Unternehmen mit ähnlicher Wettbewerbsstrategie) vertreten?** Hier sollte der Fokus auf die Hauptziele der bestehenden Gruppen gelegt werden, in der Regel sind dies Preis und Leistung.

- **Wie setzt sich die Kette aus Käufern und Nutzern zusammen?** Manche Unternehmen verkaufen direkt an ihre Kunden, andere über Zwischenhändler. Diese Kette aufzubrechen, kann das Tor zu einem blauen Ozean öffnen. *Nespresso* hat diese Vorgehensweise für den Verkauf seiner Kaffeekapseln gewählt, welche es nicht über traditionelle Handelsnetze (Supermärkte) vertreibt, sondern lediglich in exklusiven, eigenen Nespresso Shops verkauft.

- **Welche komplementären Produkte und Dienstleistungen gibt es?** Diese Frage ist wichtig, da so mithilfe einer ganzheitlichen Perspektive eine erfolgreiche strategische Einteilung erreicht werden kann. *Apple* verdankt seinen Erfolg zu Beginn der Nuller Jahre ganz besonders den Inhalten (vor allem digitale Musik), die das Unternehmen für seine Produkte (*iPod* etc.) anbietet.

- **Welche funktionalen oder emotionalen Kaufmotive sind für die Branche relevant?** Ein Produkt aufzuwerten, oder – im Gegenteil – von zu großem symbolischen Wert zu befreien, trägt zum Erreichen eines blauen Ozeans bei. Ein gutes Beispiel ist *Nespresso*, das ein Image der Exklusivität für seine Kaffeekapseln aufbauen konnte.

- **Welche Trends werden das Kaufverhalten der Konsumenten in Zukunft bestimmen?** Umweltschutz und das Streben nach Selbstverwirklichung gehören zu den größten Trends der heutigen Gesellschaft, die in jedem Fall mit einbezogen werden sollten, wenn Produkte und Dienstleistungen für einen blauen Ozean entwickelt werden.

Stimulation und Kreativität in vier Schritten

Kim und Mauborgne stellen eine Methodik zur Anwendung der Blue-Ocean-Strategie in Unternehmen vor. Sie unterteilen diese in vier wichtige Schritte:

- Das **visuelle Erwachen** erfolgt im Rahmen der Wertkurve. Das Unternehmen stellt für alle Aspekte eines Angebots seine Stärken und Schwächen im Vergleich zur Konkurrenz dar. Dieser erste Schritt dient vor allem dazu, einen Konsens unter den verschiedenen Abteilungen innerhalb des Unternehmens zu etablieren, indem mithilfe der Grafik die Notwendigkeit einer Veränderung hervorgehoben wird, um wieder Wert zu schaffen. Zudem ordnet sich das Unternehmen im Vergleich zu seiner Konkurrenz ein. Hebt sich ein Unternehmen stark von der Konkurrenz ab – oder gar nicht? Die Antwort hängt davon ab, in welcher Richtung sich die Kurven bewegen.
- Die **visuelle Erkundung** besteht darin, das realistische Innovationspotenzial auf dem Markt zu erkennen. Wie soll ein Unternehmen einen Markt erschüttern, wenn es die Nutzer seiner

Produkte nicht kennt? Kunden regelmäßig zu befragen ist unerlässlich, reicht aber nicht aus, weil sie nicht unbedingt auch Nutzer des Produkts sind. Da mit der Blue-Ocean-Strategie der bisherige Kundenstamm vergrößert werden soll, sollten zusätzlich Nicht-Kunden befragt werden, um ihre Gewohnheiten und Erwartungen kennenzulernen.

- Durch **visuelles Strategiemessen**, das mit Angestellten des Unternehmens aber auch Externen (Kunden, potenzielle Kunden, Partner etc.) durchgeführt wird, kann festgestellt werden, welche Merkmale eines Angebots sinnvoll sind. Ziel ist, eine Strategie zu entwickeln, die nicht nur auf Intuition basiert, und interne Hürden, wie besagten Widerstand gegen Veränderungen, zu überwinden.
- **Visuelle Kommunikation** wird notwendig, sobald die Strategie definiert wurde. Das ganze Team muss mit in die Neuausrichtung des Unternehmens eingebunden werden. Genau wie sich die Grenzen des Bisherigen von der grafisch dargestellten Wertkurve ablesen ließen, so wird auch in diesem Schritt eine Skizze erstellt. Diese vereinfacht die Visualisierung der neuen Ziele und fördert den Rückhalt

der Blue-Ocean-Strategie, unabhängig von Hierarchieebenen.

Pioneers, Migrants und Settlers

Die Analyse der Produkte eines Unternehmens, eine der von Kim und Mauborgne vorgestellten Methoden, erweist sich häufig als praktische Basis für eine Strategie. Die Produkte werden dazu in drei Kategorien unterteilt:

- **Settlers** gehören zur Norm eines Sektors. Diese Produkte oder Dienstleistungen nehmen die häufigste Wertkurvenform an und haben nur begrenzte Zukunftsperspektiven auf den aktuellen, enorm dynamischen Märkten. Sie gehören zu einem roten Ozean.
- Im Gegensatz dazu schaffen **Pioneers** (Pionierprodukte) einen noch nie dagewesenen Wert. Massenkundschaft und starkes Wachstum sind ihnen in den nächsten Jahren sicher. Sie stellen den blauen Ozean dar.
- **Migrators** wiederum bewegen sich dazwischen. Sie steigern zwar den Wert für Kunden und Unternehmen, sind jedoch nicht innovativ genug, um sich nachhaltig im blauen Ozean zu halten.

Produktkategorien

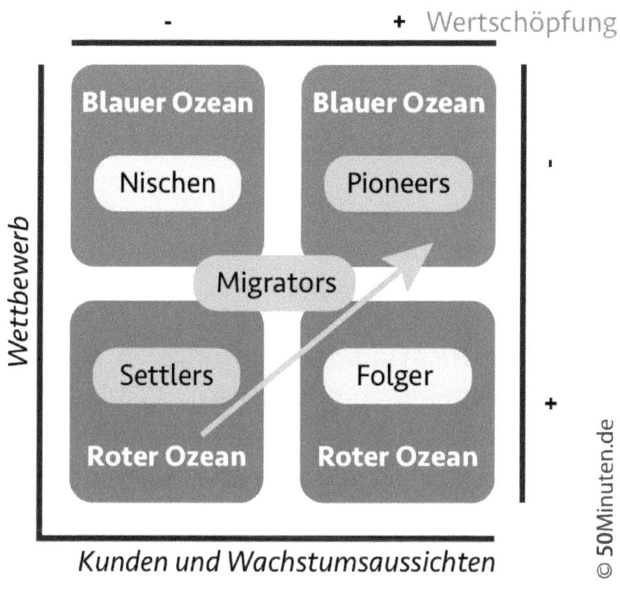

Eroberung von Nichtkunden

Die Eroberung von Nichtkunden bildet den Kern der Blue-Ocean-Strategie. Die Überlebenstechniken im roten Ozean bewirken, dass sich Unternehmen Marktanteile ihrer Konkurrenz einverleiben. Wechseln Kunden von einem Akteur zu einem anderen, ändert sich die

Marktgröße dadurch nicht. Im Gegensatz dazu ist das Ziel der Blue-Ocean-Strategie, den Markt zu erweitern, indem die Grenzen verschoben werden. Dies geschieht durch die Einbindung von Kundenkategorien, die sich bislang nicht für diese Art Produkte oder Dienstleistung interessiert haben.

Es wird zwischen drei verschiedenen Kundenkategorien unterschieden:

- **Baldige Nichtkunden** konsumieren die vom Unternehmen angebotenen Güter oder Dienstleistungen punktuell, während sie auf Besseres warten. Je zahlreicher sie sind, desto fragiler ist der Markt. Die britische Kette *Prêt à manger* konnte so berufstätige Kunden in ihre Schnellrestaurants locken, die bislang in Ermangelung von etwas Besserem in gewöhnlichen Restaurants gegessen hatten.
- **Sich weigernde Nichtkunden** nutzen die Produkte bzw. Dienstleistungen des betrachteten Marktes nie, entweder weil sie sie ablehnen, oder weil sie sie sich nicht leisten können. Menschen, die im Zentrum von Großstädten wohnen, sind in der Regel weniger an Anhängern für ihr Auto interessiert

als Menschen auf dem Land, die große Gärten
und mehr Abstellmöglichkeiten haben.

- **Unentdeckte Nichtkunden** werden nicht
  direkt vom Markt angesprochen, da die
  Entscheider sich nie um sie bemüht haben.
  Sie können jedoch potenzielle Kundschaft
  darstellen.

FALLSTUDIE – *WII*, *NINTENDOS* BLAUER OZEAN

Im Jahr 2006 bringt *Nintendo* die *Wii* auf den
Markt. Die Spielekonsole erfreut sich einer
schnell wachsenden Beliebtheit, was dem
Unternehmen mehrere Jahre lang beachtli-
che Gewinne bringt. Die Verkaufszahlen der
Konsole sind schon äußerst zufriedenstellend,
im Videospielbereich macht sich der Erfolg aber
am meisten bemerkbar. Mehr als 80 Millionen
Exemplare der *Wii Sports* wurden verkauft, was
das Ergebnis der Konkurrenz weit übersteigt.
Nintendo hat nicht nur mit der bahnbrechenden
Technologie eindeutig eine Blue-Ocean-Strategie
angewandt, sondern außerdem die Preispolitik
neu bestimmt und den Markt ausgedehnt.

Die sechs Fragen der Blue-Ocean-Strategie für die *Wii*

- **Welche Alternativen werden auf dem Markt angeboten?** *Nintendo* hat sich nicht an seinen Konkurrenten orientiert, um sich auf dem Videospielmarkt zu positionieren, sondern vielmehr für das Freizeitverhalten der Menschen interessiert. Da seit den Nullerjahren künstlerische und kreative Selbstverwirklichung sowie Gesundheit und Fitness zwei wichtige Aspekte darstellen, beschließt das Unternehmen, einen neuen Markt zu schaffen, indem es sein eigenes Know-how hinsichtlich Spielekonsolen mit der Entwicklung neuer Anwendungen verbindet: Sport treiben, tanzen, sich fit halten, Musik machen etc. All diese virtuellen Aktivitäten können mit der *Wii* ausgeführt werden, da diese mit dem Prinzip der Bewegungserkennung den traditionellen Joystick ablöst.
- **Welche strategischen Gruppen gibt es?** Auf Preisebene wurde die *Wii* niedriger als ihre Konkurrenzprodukte angesetzt, deren Preise aber nach und nach angepasst werden mussten. Diese Strategie wurde eingesetzt,

um die Zielgruppe von Videospielen zu vergrößern und um ältere und weniger festgelegte Kunden zu erweitern. Im Gegenzug sind einige der Einzelteile des in all seiner Funktionalität innovativen Produkts von geringerer Qualität, verglichen mit den Konkurrenzprodukten *PS3* und *Xbox*. Die Senkung des Standards hat eine Preissenkung zur Folge, bedeutet aber auch etwas begrenzte technische Möglichkeiten (die allerdings bei einer Konsole für Anwender aller Altersstufen, wo Spiele weniger auf Schnelligkeit und hohe Auflösung ausgerichtet sind, weniger ins Gewicht fallen).

- **Wie setzt sich die Kette aus Käufern und Nutzern zusammen?** Der Ende des 19. Jahrhunderts gegründete Spielehersteller *Nintendo* hat sich entschieden, seine Nutzer direkt – also ohne Zwischenhändler – anzusprechen und seine Spiele für die *Wii* selbst zu vertreiben. Eine solche Entwicklung ist heute dank der allgemeinen Verbreitung des Internets möglich. 2006 hat *Nintendo* gleichzeitig mit der Einführung seines revolutionären Spiels den *Wii Shop Channel* eröffnet, wo Nutzer Treuepunkte sammeln können, je nachdem wie viele Spiele sie kaufen.

- **Welche komplementären Produkte und Dienstleistungen gibt es?** Zwei Produktkategorien haben ihren Teil zum Erfolg der *Wii* beigetragen: Zubehör und Spiele. Die *Wiimote* (*Wii*-Fernbedienung) kommuniziert über Bluetooth mit der Konsole. Sie ist mit einem Beschleunigungssensor ausgestattet und übermittelt die Bewegungen der Spieler (Sprünge, Bewegungen zur Seite, Drehungen etc.) an die Konsole. Später kam weiteres Zubehör hinzu, wie z. B. Mikrofon oder Zeichentablett, wodurch die Konsole unter anderem für Gesellschaftsspiele wie *Pictionary* verwendet werden kann und sich so an Familien richtet. *Nintendo* hat natürlich auch seine bekanntesten Spiele, darunter *Mario Bros* und *Zelda*, für die *Wii* vermarktet. Im Zentrum des Erfolgs stehen schließlich Sensoren, die die Herzfrequenz messen, und das *Wii Balance Board*, das Schritte erfasst, was aus der Konsole eine Fitnessuhr macht und das Zuhause der Spieler in ein Sportstudio verwandelt. Damit bewegt sich die *Wii* schon auf der Mitte zwischen Spiel und Sport.

- **Welche funktionalen oder emotionalen Kaufmotive sind in der Branche relevant?**
Videospiele haben sowohl einen technischen als auch einen kulturellen Aspekt. Seit den ersten Modellen in den Siebzigerjahren haben sich Konsolen rasend schnell entwickelt. Auch die *Wii* wurde inzwischen durch andere Produkte ersetzt. Die Entwicklung nimmt die gleiche Richtung wie Computer, die von Großrechnern zu tragbaren Tablets wurden. Videospiele sind aber auch zu einem Teil der Kultur geworden: Die ersten Spiele, beispielsweise, von denen viele von *Nintendo* entwickelt wurden, genießen bei den Generationen, die ab den Achtzigern aufgewachsen sind, Kultstatus. Die Welt der *Space Invaders*, *Mario Bros* oder *Zelda* bilden einen eigenen Teil der kollektiven Identität. Für aktuellere Spiele bilden sich Spielergemeinschaften, die Informationen austauschen und virtuelle Freundschaften knüpfen. *Nintendo* ist es gelungen, diese starke kulturelle Dimension rund um das Spiel auch für die *Wii* aufrechtzuerhalten. *Nintendo* hat sich aber auch von dieser Technikkultur lösen müssen, um das Angebot zu erweitern. So verfallen Kunden über sechzig nicht unbedingt

in Nostalgie und sehnen sich in die Zeiten von *Super Mario* zurück. Um auch sie als Kunden der neuen Spielekonsole zu gewinnen, mussten ihnen also andere Perspektiven geboten werden, die Betonung lag hier mehr auf den Funktionen als auf der Technik. Navigation und User Interface der *Wii* wurden stark vereinfacht, wodurch sich Nutzer unabhängig von ihren Technikkenntnissen gut zurechtfinden.

- **Welche Trends werden das Kaufverhalten der Konsumenten in Zukunft bestimmen?** *Nintendo* ist es mit der *Wii* gelungen, die wichtigsten gesellschaftlichen Trends der westlichen Welt mit in sein Angebot einzubeziehen. Die Alterung der Gesellschaft –in Japan noch ausgeprägter als anderswo – hat die Entwicklung dieser Spielkonsole inspiriert, die sich vielseitiger nutzen lässt als die Angebote der Wettbewerber. So wurde der Erfolg des Denksport-Programms von Dr. Kawashima (geboren 1959) beispielsweise von der Nachfrage der Senioren getragen. Sich selbst entfalten und sich durch Kreativität oder sportliche Aktivitäten ausdrücken zu wollen ist in der heutigen Gesellschaft ein weit verbreitetes Phänomen. Einige Jahre lang konnte die *Wii* diesen Trend ausnutzen, indem sie Kunden mit einem neuartigen Produkt diesen Mehrwert bot – eine Spielekonsole, mit der man sich intellektuell und körperlich fit halten kann – und gleichzeitig bei der Herstellung verhältnismäßig geringe Kosten verursachte. *Nintendo* konnte so dank der *Wii* nicht nur mit dem Spieleverkauf Profit generieren, während andere, weniger erfolgreiche Wettbewerber auf dem Konsolenmarkt einen Verlust einfuhren, diesen allerdings durch Zusatzprodukte und -dienstleistungen wieder ausgleichen konnten.

Die *Wii* und die drei Kategorien der Nichtkunden

Der Erfolg der *Wii* beruht auf einer hervorragenden Analyse der Nichtkunden, mittels derer die Grenzen des Marktes verschoben werden konnten. *Nintendo* hätte sich auch damit zufriedengeben können, einen technischen oder preislichen Vorteil zu entwickeln bzw. auszubauen. Das Unternehmen hätte so mehr Marktanteile gewonnen – dieser Vorsprung wäre allerdings nur vorrübergehend gewesen, da die Konkurrenz für gewöhnlich schnell aufholt. Der

Konkurrenzkampf wurde also nicht auf dem Gebiet der „baldigen Nichtkunden" (die je nach Angebot der Anbieter von einem zum anderen wechseln) ausgetragen.

Nintendo konnte sogar die sich weigernden Nichtkunden überzeugen, obwohl Videospiele – wie auch das Fernsehen vor einigen Jahren – polarisieren. So sollen diese Jugendliche angeblich süchtig machen und an extreme Gewalt gewöhnen. Solche Vorwürfe lassen sich *Wii Sports* gegenüber jedoch kaum halten, da mit ihr im eigenen Wohnzimmer Tennis gespielt oder gebowlt werden kann. Das Spiel wurde zudem mehr als 80 Millionen Mal verkauft und ist damit das meist verkaufte Videospiel überhaupt. Es übertrifft sogar *Super Mario Bros*, wovon lediglich 40 Millionen Exemplare verkauft wurden.

Schließlich ist es *Nintendo* auch gelungen, unentdeckte Nichtkunden anzuziehen, die sich bislang von Videospielen nicht angesprochen fühlten. Menschen, die sich nicht unbedingt als Technikfreaks bezeichnen würden, Erwachsene bis hin zu Senioren haben in der *Wii* ein Mittel der Unterhaltung und Entspannung gefunden. Einige Jahre zuvor wäre dies noch undenkbar gewesen.

2012 startete *Nintendo* einen Versuch, seinen Erfolg zu wiederholen und brachte die *Wii U* auf den Markt, die die *Wii* ablösen sollte. Allerdings hatte sich das Umfeld in den sechs Jahren vor allem durch die Verbreitung von Tablets und Smartphones stark verändert, Spiele waren überall zugänglich und immer weniger Personen nutzten noch Spielekonsolen. Heute werden diese vor allem von Kennern und Insidern gefeiert. Wie sieht also die Zukunft des innovativen Unternehmens aus?

ZUSAMMENGEFASST

- Die Blue-Ocean-Strategie ist ein neues Modell der wirtschaftlichen Steuerung für mehr Performanz.
- In einer Wirtschaftswelt, in der immer stärkerer Wettbewerb herrscht, verausgaben sich Unternehmen bei dem Versuch, ihre Konkurrenz auszustechen, wodurch es immer häufiger zu Unternehmenspleiten kommt.
- Die Innovationsstrategie der INSEAD-Dozenten W. Chan Kim und Renée Mauborgne beschreibt, wie sich Unternehmen von einer zu starken Konkurrenz in Märkten des „roten Ozeans" absetzen und Märkte des „blauen Ozeans" erreichen können, in denen sie sich (zunächst) alleine bewegen.
- Mit der Metapher der roten Ozeane (Sektoren mit starker Konkurrenz) und blauen Ozeane (Nischen mit wenig Konkurrenz) kann der Markt in seiner Gänze beschrieben werden.
- Der Wechsel von einem roten Ozean in einen blauen geschieht durch Wertinnovation, die den Wert des Kundennutzens erhöht

und gleichzeitig das Wirtschaftsmodell des Unternehmens verbessert. Dies kann zudem zu einem Rückgang der Verkaufspreise führen.

- Die Blue-Ocean-Strategie basiert auf einer Verschiebung der Marktgrenzen, indem Werte und Annahmen hinterfragt, Kunden, die sich bislang noch nicht auf dem Markt bewegt haben, gewonnen und Positionierung und Absatz komplett erneuert werden.

- In Zeiten der finanziellen Unsicherheit, in der Kostensenkung im Vordergrund steht, sollten die finanziellen und technischen Risiken eines Marktes nicht unterschätzt werden. Die menschliche Vorstellungskraft löst sich nur schwer von bereits Bekanntem, um stattdessen Neues zu erschaffen, sprich radikal neue Ideen zu entwickeln, die in der Wirtschaftswissenschaft disruptive Innovationen genannt werden. Vorhersagen über die Reaktionen der Käufer sind also recht willkürlich.

- Der durchaus aktuelle Ansatz hebt zwar die Bedeutung von Innovation und der Erschaffung neuer Märkte hervor, er erklärt jedoch leider nicht, warum dies von so wenigen Unternehmen umgesetzt wird. Die meisten

Unternehmen beschränken sich in der Realität auf die Optimierung ihrer bereits bestehenden Produkte bzw. Dienstleistungen.

Ihre Meinung ist uns wichtig!
Hinterlassen Sie doch einen Kommentar auf der
Seite unserer Online-Buchhandlung
und teilen Sie Ihre Favoriten in den sozialen
Netzwerken!

DARÜBER HINAUS

LITERATURVERZEICHNIS

- Cazals, François: „Stratégie Océan bleu de la Wii". *Distriforce. Stratégies innovantes.* Internetauftritt des Unternehmensberaters auf Französisch. http://cazals.fr/strategie-ocean-bleu-de-la-wii/ (29.03.2018).

- INSEAD. *Blue Ocean Strategy Institute.* Internetauftritt des Instituts auf Englisch. http://www.insead.edu/blueoceanstrategyinstitute/home/index.cfm (29.03.2018).

- Kim, W. Chan; Mauborgne, Renée: *Der Blaue Ozean als Strategie. Wie man neue Märkte schafft, wo es keine Konkurrenz gibt.* Aus dem Englischen von Ingrid Proß-Grill und Helmut Dierlamm. 2. Aufl. Carl Hanser Verlag: München 2016.

- Kotler, Philip; Keller, Kevin Lane: *Marketing Management. Konzepte-Instrumente-Unternehmensfallstudien.* 15. Aufl. Pearson Studium: Hallbergmoos 2017.

- Roland, Olivier: „Stratégie Océan bleu". *Des Livres pour changer la vie.* Blog mit Buchanalysen auf Französisch. http://www.des-livres-pour-changer-de-vie.fr/strategie-ocean-bleu/ (29.03.2018).

- Sarazin, Benoît: „Pourquoi la méthode Blue Ocean ne suffit pas". *Le blog de l'innovation de rupture.* http://benoitsarazin.com/francais/2013/10/methode-blue-ocean-suffit-pas.html (29.03.2018).

- Tabatoni, Pierre: *Innovation, désordre, progrès.* Economica: Paris 2005.

WEITERFÜHRENDE LITERATUR

- Christensen, Clayton M.; Matzler, Kurt; von den Eichen, Stephan Friedrich: *The Innovators Dilemma: Warum etablierte Unternehmen den Wettbewerb um bahnbrechende Innovationen verlieren.* 2. Aufl. Vahlen: München 2011.

- Doblhofer, Stefan: *Management – Die wichtigsten Theorien im Praxischeck.* 2. erw. und überarb. Aufl. Goldegg Verlag: Wien/Berlin 2014.

- Kim, W. Chan; Mauborgne, Renée: *Blue Ocean Shift: Jenseits des Wettbewerbs.* Aus dem Englischen von Luitgard Köster. Vahlen: München 2018.

MEHR AUF 50MINUTEN.DE

- Robben, Xavier: *Die Wertkette nach Porter. Wettbewerbsvorteile erkennen und ausbauen.* Aus dem Französischen von Ruth Alvermann. Plurilingua Publishing: Brüssel 2018.

- Michaux, Stéphanie: *Das Fünf-Kräfte-Modell. Porters Erklärung des Wettbewerbsvorteils.* Aus dem Französischen von Mareike Lobeck. Plurilingua Publishing: Brüssel 2018.

SCHMÖKERN SIE SICH SCHLAU!

www.50Minuten.de